Henriette Wich

Dinosauriergeschichten

Illustriert von Michael Böhm

Ihre Meinung zählt!

Nehmen Sie jetzt an einer kurzen Elternbefragung
des Loewe Verlags teil und beeinflussen Sie
die zukünftige Entwicklung unserer Kinderbücher:

www.elternbefragung.online

Unser Kinderbuch-Newsletter bietet alle Infos zu Neuerscheinungen und
tollen Veranstaltungen, exklusive Gewinnspiele und vieles mehr!

Jetzt kostenlos abonnieren: www.loewe-verlag.de

FSC
www.fsc.org
MIX
Papier | Fördert
gute Waldnutzung
FSC® C018236

Klimaneutral
Druckprodukt
ClimatePartner.com/18521-2202-1001

ISBN 978-3-7432-1049-3
2. Auflage 2023
© 2022 Loewe Verlag GmbH, Bühlstraße 4, D-95463 Bindlach
Umschlag- und Innenillustrationen: Michael Böhm
Umschlaggestaltung: Elke Kohlmann
Vignetten Bildermaus: Angelika Stubner
Reihenlogo nach einem Entwurf von Angelika Stubner
Printed in the EU

www.bildermaus.de

Inhalt

Ein tolles Team

Tom und Tini werfen sich  zu.

„Kommt her, meine kleinen !",

ruft Mama. Heute wandern die

los. Sie wollen dahin, wo die

wärmer ist und wo es  gibt.

Und natürlich leckere .

Tom und Tini sind ganz aufgeregt.

Die  laufen über viele

und durch ein langes . Endlich

kommen sie zu einer grünen .

Dort treffen sie einen .

Er heißt Lars und hat eine

an seinem .

Mit der  schleudert er einen

herum. Tom und Tini spielen mit

Lars . Dann müssen die

weiter. Lars ruft noch: „Passt auf!

Hinter dem  lebt ein . Der

ist gefährlich, wenn er hungrig ist."

10

Tom und Tini halten 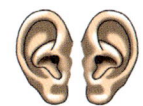 und

offen. Als sie einem  folgen,

regnet es wie aus . „Hilfe!",

ruft Ken, der . Er ist in

den  gefallen. Tom, Tini und

zwei ältere  retten ihn.

Ken bedankt sich und schüttelt

seinen  mit den spitzen .

Ken sagt: „Passt auf! Hinter

dem  lebt ein . Der ist

gefährlich, wenn er hungrig ist."

Die  wandern mutig weiter.

Bald kommen sie am  vorbei

und müssen zwischen zwei

hindurch. Plötzlich hören sie hinter

sich den hungrigen  brüllen.

„Lauft!", ruft Papa.

Tom und Tini fliehen mit den

anderen . Auf einmal springen

Lars und Ken von einem .

Lars schleudert seine 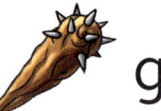 gegen

das  des . Ken stößt ihm

seine  in den .

Tom und Tini werfen .

Der  klemmt den  ein und

haut ab. „Das war genial!", sagt

Tom zu Lars und Ken. Dann feiern

alle  unter den .

Wie lange dauert es noch?

Eigentlich ist alles in  bei

Grummel. Der  lebt mit

Mama und Papa an einem

superschönen . Grummel

klettert oft auf Mamas .

Von dort oben sieht er den

und die hohen  und .

Grummel, Mama und Papa futtern

die  der . Wenn die

zu heiß wird, springen sie in

den kalten . Grummel lässt

sich gerne treiben und spritzt

seinen Papa mit  nass.

Aber wegen der doofen  geht

das alles plötzlich nicht mehr.

Da sind winzige  drin.

Mama und Papa müssen auf

die  aufpassen und sitzen

dauernd neben dem .

Grummel pflückt  für Mama

und hängt sie oben in die .

Mama holt sich schnell die

und saust sofort zurück zum .

„So ein !", ärgert sich Grummel.

Er futtert ein paar  und ruft

laut: „Mein  tut so weh!" Papa

holt , wirft sie auf die  und

ist schon wieder weg. „Blöder !",

schimpft Grummel. Er rennt auf

Mama zu und zieht seinen  ein.

„Uaaarg! Ich bin ein  und

fresse dich!" Mama wackelt mit

dem   und lacht. Da stampft

Grummel mit dem rechten  auf.

„Wie lange dauert es denn noch

mit den ?"

Papa seufzt. „Die   wird wohl

noch ein paarmal aufgehen."

Mama steht auf und fragt: „Wollen

wir kurz in den  springen?"

„Au ja!", ruft Grummel.

Er klettert auf Mamas runden .

Im   ist es lustig. Plötzlich hört

der kleine  jemanden fiepen.

Die  sind endlich aus den

geschlüpft!

Ron rast über den Rasen

Kerem liest in einem  über .

Den  findet er besonders

cool. Als  war der so groß wie

eine , wuchs schnell und war

irgendwann so lang wie ein .

Kerem starrt mit großen

in das . Hä?

Hat ihm der kleine  gerade

zugezwinkert? Huch, jetzt kommt

ein braunes  aus dem  !

Neugierig streckt der

seinen  heraus. Und – *zack!* –

springt er auf den  .

Kerems  schlägt schneller.

„Hi!", sagt der  . „Ich bin Ron.

Hast du zufällig frische ?"

Und schon stürmt Ron an Kerems

Mama vorbei in den  . Ron

frisst das ganze  weg.

„Lecker!“, rülpst er. Jetzt ist Ron

schon so groß wie ein . „Wir

bringen ihn lieber in den  “,

sagt Mama. Sie holt das . Ron

springt hinein. „Schneller!“, ruft er

und streckt den  aus dem .

Als sie am  vorbeifahren,

brüllt Ron: „Stopp!" Er steigt aus

und frisst noch mehr . Jetzt ist

er so groß wie ein . Die

denken, dass Ron zum

gehört.

Sie klettern ganz begeistert auf

dem  herum. „Sei kein !",

rufen die  Kerem zu. „Komm,

spiel mit uns!" Kerem klettert auch

auf den .

Plötzlich ruft Mama: „Kerem,

wach auf!" Sie lacht. „Du bist über

deinem  über die

eingeschlafen!" Kerem starrt auf

den 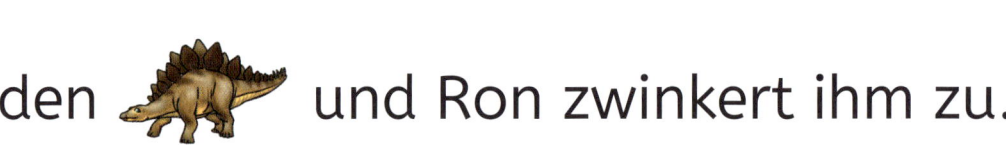 und Ron zwinkert ihm zu.

Alles Gute zum Geburtstag!

Heute hat Diego . Er wird

schon sieben! Als er aufwacht,

schlafen die anderen  noch.

Diego hüpft zur . Die

taucht aus dem  auf.

Das  schimmert wie ein

rosa . Diego ist so aufgeregt!

Werden Emma, Luca und Manuel

ihm viele  schenken? Diego

hüpft schnell zurück zu den .

Emma stöhnt: „Ich bin so müde

wie ein ⬭!"

Luca putzt umständlich seine  .

Und Manuel sagt zu Diego: „Alles

frisch bei dir, du ?" Diego

ist beleidigt. Die  haben

vergessen, dass er  hat!

Diego stößt sich von der  ab

und breitet seine  aus. Dann

wird er sich eben selber ein paar

leckere  fangen! Diego segelt

ruhig über dem  dahin.

Dann stürzt er hinab und schnappt

mit dem  zu. Bald hat er

genug  gesammelt und fliegt

zurück zur . Ach du dickes !

Emma, Luca und Manuel sind weg.

Und alle anderen  auch.

Diego starrt aufs  und sieht

die , die vor der  liegt.

Ein paar  schwirren aufgeregt

um die  herum. Seltsam!

Dort sind doch nur dürre ,

ein paar  und ganz viel .

Diego kneift die 👀 zusammen.

Plötzlich sieht er einen   hin

und her huschen. Was ist da los?

Schnell fliegt Diego zur . Hinter

den  raschelt es. Plötzlich ist

Diego von  umringt. Sie

singen mit weit offenen :

„Diego, der wird heute sieben,

und er soll jetzt  kriegen!"

Emma, Luca und Manuel bringen

sieben frische . Jetzt strahlt

Diego wie die ☀.

Die Wörter zu den Bildern:

 Schneebälle

 Wiese

 Dinosaurier

 Ankylosaurus

 Edmonto-saurier

 Keule

 Sonne

 Schwanz

 Palmen

 Stein

 Blätter

 Fußball

 Berge

 Vulkan

 Tal

 Tyranno-saurus Rex

 Augen

 Bauch

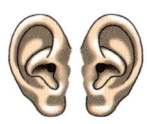 Ohren

 Butter

 Fluss

 Brachiosaurus

 Eimer

 See

 Triceratops

 Rücken

 Kopf

 Bäume

 Hörner

 Wasser

 Felsen

 Eier

 Bein

 Dino-Babys

 Nest

 Bus

 Blumen

 Teppich

 Mist

 Herz

 Kräuter

 Garten

 Hals

 Gras

 Elaphrosaurus

 Hund

 Buch

 Zoo

 Stegosaurus

 Auto

 Katze

 Fenster

 Spielplatz

 Federn

 Pferd

 Flügel

 Kinder

 Schnabel

 Frosch

 Insel

 Geburtstag

 Küste

 Flugsaurier

 Vögel

 Klippe

 Sträucher

 Meer

 Sand

 Fische

 Schatten

Henriette Wich, 1970 in Landshut geboren, hat zahlreiche Kinder- und Jugendbücher geschrieben, darunter viele Krimis der erfolgreichen Reihe „Die drei !!!". Henriette Wich lebt mit ihrer Familie in München.

Michael Böhm, 1974 in Dortmund geboren, lebt mit seiner Frau in Hamburg. Seit er ein kleiner Junge war, zeichnet er am liebsten alles, was Räder hat, und konnte das Hobby zum Beruf machen. In der Freizeit schraubt er auch gern an seinem alten Auto rum. Mehr über Michael Böhm erfahrt ihr unter www.digillani.de.

Noch mehr Lesespaß!

ISBN 978-3-7432-1393-7

ISBN 978-3-7432-1421-7

ISBN 978-3-7432-1404-0

ISBN 978-3-7432-1420-0

Loewe
Das will ich lesen!